사적인 너무나 사적인 순간들

박지영 시집

시인동네 시인선 102

박지영 시집

사적인 너무나 사적인 순간들

시인동네

시인의 말

시에 대해 알아갈수록
시집을 묶어낼수록
고개가 숙여진다.

내 것이 아닌 것들에
이름표를 달고
내 것이라 우기며 살았다.

2018년 12월
박지영

차례

제2부

제3부

제4부

제1부

반 고흐에게

이 별에 올 줄 몰랐지
엄마 뱃속에서 이별하고 나와
수많은 이별을 보고 들어
수두룩하게 이별 연습을 한 줄 알았어

이 별에서 이별은 늘 두렵고 서툴러
몇백 광년 떨어져 아득히 먼 줄 알았지

우리는 사다리를 걸쳐놓고
한 계단 한 계단 걸어서 저 별로
별을 세며 가는 중이야
저 별에서는 다들 한식구가 되지

오라 부르지 않아도
우리는 혼자서
타박타박 저 별에 가야 해
이 별은 그렇게 지나가는 거야

종이가 된 달

고독한 달
오직 달만이 진실인 것처럼
검은 심장이
밤의 근원이라도 되는 듯
깊은 구멍 속으로 침식해 들어간 달

우리는 구겨진 달을 타고 밤 속으로 들어갔어

밤의 환상은 순수해
아니 환상이 더 리얼해
너는 어느 하늘 어느 쪽을 바라보니

시커먼 불안이 달을 집어삼키고
숲은 살아나서
밤에 꼼지락거리며 움직이는 뿌리들
부풀어 오르거나 더 깊은 곳으로 발 뻗으며 길을 찾고

영원으로 가는 시간과

멸망에 이르는 시간이 공존하지만
모든 것은 지나가
후 불면 가벼운 깃털처럼 날아가

그러나 아침에서 저녁으로 가는 것과
저녁에서 아침으로 가는 것은 달라

긴 밤을 통과하면 구원에 이르는 길이 보인다는데
구원의 시간이 얼마 안 남았다는데
왜 이 여행은 점점 길어지지

끝이 어디지
구겨진 달은 언제 펴지지

달의 혼인

어둠이 왔어
내가 찾아간 것이 아니라
어둠이 내게로 왔어
한 발 물러나면 어둠은 두 발 다가왔어

어둠이 어둠 위에서 실눈을 뜨고
검은 아마포를 펼쳐 들고 오는데
저 불안, 불안
두려움을 이해하면 두려움이 사라질까
걱정을 이해하면 걱정이 사라질까

올까
정말 올까
왈칵 왈칵 겁이 났어
허공을 물어뜯고 싶었어

나는
이슬 머금은 첫새벽과 그믐달의 혼인식에 가야 하는데

>

어둠에도 그늘이 있어
그 깊은 심연에 발이 빠져
아, 길을 가로막고 있어

토마토가 익을 동안

검은 토마토가 배달되었다
밤은 결코 혼자 오지 않는다
한 세포가 다른 세포를 흔들어 깨우듯
어미의 유전인자가 자식에게 대물림되듯이
집요하게 온다

나는 밤에 태어나 밤의 지배를 받으면서 자랐다
나를 먹이고 키운 밤
그렇게 나를 어둠에 심어놓은 밤
그렇다고 밤을 엄마라 불러야 하나
끊임없이 발을 움직이면 움직일수록
밤은 둥글게 부풀어 오른다

어떤 영혼은 별빛을 가지고 있어
영혼의 갈피에 그 별빛을 끼워 넣으면
서로 부딪혀 방울 소리를 낸다

나는 별의 말을 번역하는 자

밤의 말을 전하는 자

또 하나의 밤이 익어가는 순간
토마토가 익을 동안
침묵하기로 하자

멜랑콜리

화장을 하고 정장에 하이힐 신고
너는 모자까지 눌러쓰고 불쑥 나타나

머리에서 목으로 명치끝으로
아랫배를 타고 허벅지를 더듬어 종아리로
담 결린 듯 온몸을 떠돌아다녀

너의 뿌리는
결코 속을 내보이지 않지

그 끝이 어디인지
생의 밑바닥에 새파랗게 질린 슬픔들은
끝내 제 얼굴을 보여주지 않지

그렇게 수많은 밤 혼자서
저를 위한 상복을 껴입고 흐느껴 울지

슬그머니

봄날 오후를 기웃거리는 저것 멀어졌다 싶으면 다시 다가와 거부할 수 없는 저것 영혼이 사라진 자리에 둥지를 틀고 커다란 아가리를 벌리고 빈틈을 호시탐탐 노리고 부리부리한 눈을 굴리며 딱딱한 등을 들이밀며 관심을 끌기 위해 거짓으로 흐느끼는 저것 이름을 붙여주기로 했어 슬그머니, 라고 저것이 너무나 귀찮아 사라지기를 바랐어 그런데 정말 저것들이 말을 알아듣는지 슬그머니 가버리니 이상해 가슴이 답답해 어디로 갔지 어디 있지 하며 두리번두리번 찾았어 개잎갈나무에게 묻고 바람에게도 물었어 그게 언제 다시 올지 두 개의 달이 뜨면 오려나 달아 달아 달아나라 슬그머니

사적인 너무나 사적인 순간들

괴로움도 싹이 트고 잎이 나는가
꽃피기 전에 이 괴로움
징검다리 건너 보낼 수 있다면
빗물에 씻어버릴 수 있다면

이 괴로움
손 탁탁 털고 제 갈 길 갈 텐데

정작 괴로움은 어디서 오는지
어떻게 꽃피는지

제 안에서 제 살을 깎아 먹고 자라는
저것들 때문에 오래 어두워
비명을 내지르기도 했는데
봄볕에 내어놓고
얼굴 씻어주고 옷깃 여며줄 수 있다면

괴로움이 극진하게 안으로 차오를 때면

그게 기쁨인지 슬픔인지
슬픔인지 기쁨인지

정말 모르겠어

괴로움에서 벗어나기 위해 괴로워하는지
괴로움을 괴로워하는지

자꾸 생각나는 것들

자잘한 것들이 바닥에 흩어져 뒹구는데
두리번거리던 마음을 사로잡은 것은
도입부에 반짝이는 유리조각이었어

안약 안경 집게 지우개 깨진 컵 연필 만년필 마우스
주섬주섬 책상 위에 올려놓고
벽 속에 얼굴 디밀고 스위치를 켜니

"귀찮아"가 다음 문장으로 나가지 못하게 막아섰어
오늘 이상하네 왜 그러지 하니
빤히 쳐다보는 거 있지
이때는 한 행을 건너뛰는 게 최선이야

가을에 대한 것이나 두메양귀비에 대해서나
쇠똥구리에 대해 쓰더라도 다 위험해
좌든 우든 말할 것도 없어
어떤 글이든 글에 배후가 있나봐
글은 암호이고 신호이고 저항인지도 몰라

>

다음 행을 쓰기 전에
내부로 들어가는 길을 탐색 중이야

그런데 내부가 어디 있지

장미라는 추억

그것은 눈에 띄지 않아
어디에 사용할 수 있는 게 아니야
어떤 일도 하지 않아
있는 듯 없는 듯 가끔 생각난 듯
어느 구석에서 나왔다 종적을 감춰

사라질 때는 제 할 일을 다 했다는 의미야
하지만 그럴 일은 없으니
그것대로 오래 살아남을 거야
네가 곤히 잠든 중에도 너를 따라붙곤 하니까

그것도 어떤 힘을 가지고 있는지
자꾸 꼬리에 꼬리를 물고 맴돌아
어느 날은 꼬리를 잘라 거리에 내팽개치고
다시는 오지 말라고 현관문을 닫아도
긴 꼬리가 문틈에 끼어 비명을 지르고

떨어져 나간 것은 밤거리를 헤매다

쓰레기통 옆에 웅크리고 있어 다시 데려왔어

그게 글쎄 싫다고 내다 버릴 수도 없어

추억을 먹고

한겨울에도 장미를 피워내니까

궁금했어요

샘에 물 길러 갔었어요
그 속에 꽃배암 두 마리
서로 엉켜 제 집처럼 들어앉았지 뭐예요

다음날 배암은 없고
나뭇잎만 물 위에 떠 있었어요
아무도 그 샘물 퍼가지 않았어요
점점 샘은 마르고
한 그루 나무가 자라났어요

그 나무에서 눈이 큰 아이가 조로조롱 달려 있었어요
한 아이가 웃으면 같이 웃고
울면 같이 울었어요
아르고스의 눈 같아서
아무도 나무를 건드리지 못했어요

어느 날 휘파람새가 와서 노래하자
아이가 하나 둘 잠들기 시작했어요

>

사람들이 다투어 아이를 따다가
집 마당에다 몰래 심었어요
까만 눈이 커다란 아이를 주렁주렁 매달고
넝쿨이 지붕을 타고 올라갔어요

그 후 어찌되었는지 모르겠어요

분수

하얗게 부서지며 공중이 떨어진다
눈감고 꼿꼿이 솟구쳐 올라
쉬지 않고 공중이 허공을 들어올리며
새가 되고 나비가 되는 꿈을 꾸다
결국 바닥을 친다

계속 더 높이 솟구치려는 공중
푸른 핏줄이 뱀처럼 관자놀이를 타고 올라
허공이 허공을 떠받치고

저 높은 곳을 향해 가느라 너는
한번이라도 제대로 살아본 적 있니

이생에 아직도 갚아야 할 것이 남아 있니
얼마나 값을 치러야 하니
얼마나 더 아파야 하니

언젠가 가야 할 저기

저기에 대해서만은 제대로 말할 수 없어 아무도 가본 적이 없으니 영혼을 잡아끄는 음부 아골 골짜기 블랙홀 스스로 빛나는 곳 이러저러한 말 다 허공에 뜬 말 같아 저기가 있는지 없는지 아무도 몰라 공포와 불안을 부르는 저기는 아직 살아보지 못한 미래의 시간 새살처럼 돋아나는 환상이 만들어낸 저기 시간의 껍네기에서 돋아나는 여기와 저기 보이지 않는 끈으로 잇고 있어

단세포 동물도 때가 되면 제 몸이 둘로 나눠져 살아있는 것들은 종족보존을 위해 몸 바치지 그게 다 죽음을 위해 봉사하는 거래 아등바등 몸부림치는 삶에는 죽음의 맛이 붙어 있다나 가만있어도 우리를 저기로 데려다줄 거야

문득 올려다본 구름이 구름사원을 짓고 있네
저 너머에 무엇이 있을까

아, 언젠가 가야 할 저기

검은 말들

밤은 미루나무 가지 끝에 걸려
물속으로 미끄러져 들어가고
환상으로 가득 찬 여린 새순들은
세찬 바람에 뚝뚝 고개 떨구었다

웅성거리던 미루나무 영혼에서
비릿한 밤의 냄새가 났다
밤이 검게 물들어
밤의 얼굴을 손으로 쓸어 보았다

검은색이 손에 묻어났다

안 보려 해도 까맣게 똬리 틀고 있는
깊은 수렁 보고 말았다
밑바닥에서 허우적거리다
겨우 어둠을 헤집어 돌아 나왔다

검은 피로 얼룩진 날들이 지나가고

향기도 없고 생기도 없는 말들이 부끄러워
나는 말들을 하나하나 지워버렸다
타오르지 못한 검은 말들이 연기를 내뿜었다

달빛 머금은 말에서 향기가 났다

공중정원

먼 곳에서 빛이 오기 전에
이미 검은 휘장은 찢어져 있었지
그래도 어둠은 떠나지 않고 머뭇거렸어
풋풋한 공기는 낮게 내려앉아
꽃잎에 이슬을 매달아놓았어

긴 그림자들은 점점 짧아지며
태양의 포로가 되어갔지
하늘이 환한 빛으로 가득 차오르면
공중정원은 알맞게 물이 오르지

바람은 한숨 속에 자신이 머물러 있다는 듯
장막을 휩쓸며 꽃들에게 거친 숨을 내뿜었어
언제 정원이 있었냐는 듯
푸른 기억을 서서히 비워내고
공중정원은 바람의 주술에 이끌려
음지에 이끼만 번져나갔어

절망적이었지만
몇억 광년 저편에서 온 빛이
또 몇억 광년을 거쳐 어디로 가듯
한 시절이 가고 또 한 시절이 오고 있었어

아주 감미로운 순간
—월식

알따라니 추위에 떠는 파리한 달

짐승에게 야금야금 먹혀들던 여린 것이

조금씩 아귀에서 벗어날 때

구름이 살랑 치맛자락을 걷어 올리자

거무죽죽한 비단 자락 사이로

슬쩍슬쩍 보이는 고혹적인 달

제2부

오이노네*

왜 이렇게 생겨 먹었는지
참 바보 같지요
왜 이렇게 사느냐고요
그러게 말예요

그렇게 기다리던 그 사람이 왔는데
방문 앞에 봄볕이 삼십 분이나 앉았다 갈 때까지
애써 모르는 척했더니만
이미 돌이킬 수 없네요
어처구니없다는 게
무언지 알 것 같아요

---

*그리스 신화에 나오는 파리스의 첫 번째 부인.

붉은 뱀

서둘러 골목에 차를 세우고
결혼식장 갔다 오는데

낯익은
길게 길에 누운 붉은 띠

내 코트 벨트다

그 자리에서 사십여 분 그대로 있던,
진거*

허둥거림이 허리 조여 올 때마다
내 속이 확 붉어졌다

욕망의 꼬리는 길고 붉다

---

*진거: 제주방언으로 뱀을 말한다.

어떻게 여기 왔을까

백조 한 마리가 눈에 들어왔다
백조라고 믿으니 하는 짓이 다 백조다웠다
고개 쳐들고 요리조리 물풀을 피해 다니는 폼이
오리와는 사뭇 달랐다
같은 물에서 오리와 백조는 따로 놀았다
백조니까 뭐 홀로 있어도 괜찮다고 여겼더니
그런데 이게 뭐야
백조가 아니라 주둥이 넓적한 거위잖아
달라진 건 없지만 백조라고 여겼을 때와
거위일 때의 생각이 달랐다
백조라는 것 때문에 잠시 얼마나 행복했던가?
언제부터 백조가 내게 의미 있었던가?
허나 한번 믿어버린 일은
단 한번이라도 그렇게 믿어버린 일은
취소하기가 여간 힘든 게 아니었다
나에게는 거위에게로 이끄는 말이 없어
은유의 모서리가 닳아버렸다
내가 믿었던 은유가 꽥꽥거렸다

어떻게 살았을까
—페넬로페의 변명

누가 제 이야기를 좀 들어주실래요
베틀 앞에만 앉아 있었더니
오늘은 말하고 싶어요
말도 짜는 거지요
천 짜는 거나 별 차이 없어 보이지만
말엔 놀라운 맛이 있어요

사실 몸을 파고드는 베틀 소리는
짐승의 울음 같아 고통스러워요
손 놓고 가만있으면 더 견디기 어려워요
저를 불안하게 해요
그래 손을 재바르게 놀려요
천이 잘 짜였는지 아닌지
제 손이 먼저 알아요
한번 만져보세요 이 천의 감촉을요
손맛이 살아나요 사랑의 맛이 이럴까요

제가 오늘 말을 많이 했지요

이제 당신이 제 이야기 좀 해주실래요
베 짜는 저를 정숙한 여자라고 한다면서요
창밖의 저 눈들 무서워요
저는 베틀 밖 세상은 알고 싶지 않아요
누가 제 이야기를 좀 해주었으면 해요
제가 왜 천을 짜고 있는지 말예요

당신이 글을 쓰면
나는 당신 것이 될 거예요
제게 베틀이 없었다면 어떻게 살았을까요

난 괜찮아
—테이레시아스

네 젖가슴 훔쳐보았다고
내 눈을 뽑아버리다니

난 괜찮아
세상에서 마지막으로 본 네 젖가슴
눈에 아른거려

아테네, 너는
이미 알고 있었지
눈을 감아야
네가 더 잘 보인다는 걸

그러니
난 괜찮아

변명

—헬레네

그런 눈으로 보지 마세요
나도 어쩔 수 없었어요
그렇게 보지 말라니까요
화냥년 취급하지 마세요
그럼 당신이라면 어떻게 했겠어요

너무 나무라지 마세요
그러니 입 다물고 있으라고요
아니에요 할 말이 많아요
아무것도 모르면서 함부로 말하지 말아요

모든 게 다 저 때문이라구요
그렇게 말하지 말아요
제게만 손가락질하지 말아요
제가 택한 길이라구요
자꾸 변명하지 말라구요
저도 알고 보면 피해자에요

그러니까 그날이었다

그녀가 날 찾아왔다
그녀는 잊을 만하면 오는데
올 땐 늘 내가 처녀 때 살던 집으로 오는데
이번에는 뭔가 좀 달랐다
근래 이사 온 집도 모를 텐데
어떻게 왔는지 모르겠다
모습도 목소리도 다르지만
난 어머니라고 믿었다
그녀는 나를 보고 방긋 웃더니
아장아장 걸어오다 넘어져 칭얼칭얼 보채기도 했다
내가 돌아보면 발 구르고 떼쓰며 울었다
다가가자 더 큰 소리로 울어
식구들이 방문 열고 나와
아이 울린다고 내 머리 쥐어박았다
나도 주저앉아 발 구르고 떼쓰며 울고 싶었지만
살포시 그녀를 안아 올리니
너무 가벼워 휘청했다
엄마야! 하니

>

그녀는

네가 내 엄마란다

놀라 그녀를 떨어트릴 뻔했다

입이 쓰다

달콤해 혀에 감기는 것이 다 좋은 줄 알았지
시 쓸 때도 사람 만날 때도 그랬으니까

이제는 입이 써
아무리 달달하고 부드러운 것도
혀를 달래지 못해
어머니가 "입이 쓰구나" 하시던 말 이제 알겠어
입이 소태같이 써
쓴맛이 생을 길들이고 있어

말랑해진 책들

헌 신문더미처럼 쌓여갔다 정장을 한
근엄한 책들, 윗목으로 구석으로 밀쳐놓았다
꿈속에서는 빙 둘러서서 나를 내려다보았다
책 속에서 검은 개미떼들이 기어 나오고
나를 공격해왔다 순식간에 의식의 흰 뼈들만
뒹굴었다 옆으로 돌아누웠다

머리카락을 조금 자르고 외출에서 돌아와 보니
빈방에 FM 방송이 흘러나온다 마음이 급해
스위치를 끄지 않고 나갔나,
하루 종일 서가에서 음악을 듣고 있었는지
햇빛 가득한 방 안에서
느긋하게 포개 앉아 있었다

말랑말랑해진 책들, 부드러운 빵
급히 허기를 채웠다 책들이
넥타이를 풀고 말을 걸어왔다

그녀는 구름왕국에 들어갔을까

구름다락에 있었지요
거기 있다 보니 지상의 일들이 궁금해서
혼자 살짝 내려왔지요
아파트 관리비도 밀렸을 거고 시어머니도 걱정되고
내가 없는 사이에 문학판은 어찌 돌아가나 해서요

다시 구름다락으로 가려는데
이게 보통 일이 아니더라구요
올 때는 가뿐히 왔는데
갈 때는 천산산맥 넘나드는 마방들이
몇 달을 걷고 또 걸어가듯이
계단을 어구어구 다리 끌며 가는데요

이건 단지 꿈이야 하는데도
숨이 차 가슴이 터질 거 같더라구요
평생 걸을 거 그날 밤 다 걸은 거 같아요
더 갈 수 없어 헌책을 사다리 삼아
한 단씩 올라가야지 하는데

그때 신기하게도 계단이 스르르
에스컬레이터처럼 움직이지 뭐에요

구름다락에 올라보니
술잔이 돌면서 잔칫집 같더라구요
남편 등을 툭 치면서 여보 나 왔어요
이 꿈은 어째 다리가 다 저려요 하며
배시시 남편 오른쪽에 비집고 앉는데
글쎄 남편 왼쪽에 앉아 있던 여자가
울면서 뛰쳐나가지 뭐에요

꿈 깨고도 그 여자의 울음이 내 눈을 지나
구름왕국에 들어갔는지 그게 궁금했어요

잠도 없는 할매들

할매들 한여름 잠 설치고 새벽 댓바람부터 호숫가에 나앉아 쓰르라미처럼 쓰르르 쓰르르 공기를 들썩거리는 소리는 날아가다 나뭇가지에 휘리릭 휘리릭

소리에도 결이 있어 어느 소리는 하늘로 퍼지고 어떤 소리는 호수에 물 주름 만들고 또 어느 소리는 풀잎에 맺힌 이슬방울 발치께로 돌돌 굴러간다

철새 왔다 가듯 여름 한철 머물다 갈 할매들

철새 같은 할매들 다 내려놓고 떠날 할매들

살아남는 법

어스름한 새벽길을 검둥개가
삐쩍 마른 몸에 다리까지 절며 간다
길도 바싹 말라 버석거리자
개도 놀란 듯 꼬리를 치켜세우고 간다
이 지역은 잘 안다는 듯
개는 절뚝거리며 공터 모래밭으로 간다
뭉그러진 앞발로 모래를 파헤치더니
물고 온 뼈다귀 하나 구덩이에 묻고
아주 익숙하고 재바르게 발로 흙을 덮는다
개는 아무 일도 없다는 듯
남은 뼈다귀 하나 물어뜯는다
떠돌이 비루먹은 개
저 개도 살아가는 방법을 알고 있다

혀끝에서 맴도는 말
—카산드라*

아버지 어머니
말 좀 들어보세요
제발 귀 좀 기울이세요
제 말은 제 말이 아니에요
나무가 새의 발끝에서 전해들은 말
바람이 나뭇가지를 흔들며 하는 말이에요
혀끝에서 맴도는 말에서 달아날 수가 없어요
미래가 벌써 저기 와 있으니까요

저는 모든 걸 보았어요
어둠도 보았고
꺼지지 않는 불빛도 보았어요

아버지 어머니
저는 할 말이 너무 많은데
아무도 제 말에 귀 기울이지 않아요
제 말은 그물 밖으로 다 빠져나가
비눗방울처럼 허공으로 사라져요

고운 모래먼지 같아 바람에 날려요
아버지 어머니 차라리 제 입에서
개구리가 튀어나왔다면 믿으실래요?

전 사실 카산드라란 이름 때문에
아무도 사랑할 수 없었다니까요

---

*카산드라는 아폴론에게서 예언의 능력을 받았으나 아폴론의 사랑을 거절한 벌로 예언을 말할 때 다른 사람이 알아들을 수 없게 되었다.

화양

그 화양이 이 화양인가

나 어린 고모는
니 엄마 화양 장터에 있다며 놀렸다
정말 엄마가 거기 있기나 한 듯
울다 울다 지쳐 잠들면
한없이 낯선 골목 헤매는 꿈을 꿨다
그런 날은 꿈도 몹시 고단했는지
이불에 지도를 그리곤 했다
엄마의 매운 눈초리에 바가지 들고
키 쓰고 대문 밖에 쪼그리고 앉아
남쪽 어딘가에 있다는 화양을 떠올렸다
혼자 몰래 빨아먹는 박하사탕처럼
화하고 달콤했던 화양
청도 가다 이서 지나다 본 화양
엄마 몰래 사탕 훔쳐 먹다 들킨 것처럼
화들짝 브레이크에 발이 가던 화양

퀵 서비스
—헤르메스

이 도시에 헤르메스라는 사내가 있다
난 그를 잘 모른다 어디에 사는지
결혼했는지 홀아비인지
다만 눈썹이 짙고
광대뼈가 불거졌다는 걸 안다
주머니 많은 조끼를 걸치고 헬멧을 쓰고
발에 날개를 달고 다닌다는 걸 안다
바람의 속도와 구름에 민감하다는 것도 안다
눈썹 휘날리며 달려가는 그는
신의 말을 전하듯
신속하게 여기서 저기로 물건을 전한다
그에게 별다른 의무는 없다

거울 앞에서

나라고 생각했었는데
내가 아니었어

나는 누구이고
내 안에 너는 누구인지

수천 개의 내가 제각각
손을 흔들고 있는데

아, 불편한 내 영혼

제3부

모든 열매는 둥글다

하늘 한번 쳐다보지 못하고
밤하늘 별 한번 세어보지 못하고

네모 방에서 일어나 네모 빵을 먹고 네모 대문을 열고 네모 엘리베이터를 타고 네모 버스를 타고 네모 지하철을 갈아타고 네모 회사 건물에 들어가 네모 책상에 앉아 회의를 하고 네모 컴퓨터를 보고 네모 스마트폰을 들고 네모 책을 보며 허공에 네모를 쌓아 올리다가 해가 지면 네모를 타고 네모 집에 돌아와 네모 침대에서 네모 꿈을 꾸며 서서히 네모가 되어간다

이 시대는 포스트모더니즘 시대
포스트모더니즘은 사각사각 각을 세우는데

그러나 모든 열매는 둥글다

고독도 꽃이 피나

굳이 말하자면, 꽃
그것은 흔적
방 문고리에 잡혀 있는
네 손의 온기 같은

푸른 저녁들의 시간이면
심야 버스를 타고 자정에 대해
절망에 대해 말하고 싶었어
존재를 넘어 쓸모없음의 저편에서
뾸도마뱀의 슬픔이 꼼지락꼼지락

내 유년의 그늘에
아, 거기 누가 있어
계속 허공을 맴도는 말로
귓속에 사원을 세웠어

사월에 어설프게 내리는 눈처럼
점점 말은 길어지고

딸꾹질은 멈추지 않고

사랑 없는 곳에서 싹튼 고독은
꽃피는 걸 잊었어

애별(愛別)*

참 이상한 일이다
도로표지판에서 분명히 보았는데
어디에도 없다 지도에도 없다
낮에 본 애별에 마음 베이고
몸은 벌써 애별에 들어 애별을 앓고 있는데
참 이상한 일이다
애별은 추억을 안고 애처롭게 울던 새끼 고양이
애별은 가물어 바닥 드러낸 저수지
애별은 내가 아는 애별도 네가 아는 애별도 아니다
해 뜨고 바람 불고 산꼭대기 흰 눈 위로 애절하게
노을 지는 동안 애별에는
아무런 일도 일어나지 않았다
다른 시계가 작동하는 것 같았다
시간이 평상시와 달리 밀가루 반죽처럼
말랑거리고 끈적거리며 달라붙었다
이스트 넣은 반죽처럼 부풀기도 했다
참 이상한 일이다
애별은 어떤 물질성을 가지고 있는 것 같았다

외로움을 확보하는 순간 힘이 났다
별의별 생각을 다하며
애 별을 낳다가 애별을 놓쳤다

---

* 일본 홋카이도에 있는 마을 이름.

중심은 여기 있다

막막하고 환한 밤
사막여우가 왔다 갔다
발자국이 또렷했다

우묵하게 젖은 오줌 자국이 길을 내며
달의 흡입구 속으로 빨려들어 갔다

비밀스럽게 하나가 되었다

쪼그리고 앉은 돌

강에서
손 씻고 낯 씻어 말간
너무 늙어 눈이 안 보이는
입도 코도 없는
다 닳아 뭉그러진
버쩍 마른 돌
그래도 얼마나 햇살이 긴하면
쪼그리고 앉아
젖은 몸
말리고 있겠니

저녁들

오늘이 가기도 전에 어두워져
출발한 적도 없는데 저녁은
늘 이렇게 목적지에 먼저 와 있어
기다리는 사람도 없는데
터덜터덜 신발 끌며 가
이쪽과 저쪽 경계를 허물고 있어

공연히 헛기침하지 마
우물우물 말을 삼키지도 마
가만있어도 알아
전화선 타고 오는 목소리에
이미 그림자가 드리워져 있어
그림자가 점점 자라
이쪽 수화기마저 덮어버렸어

어디 아파, 하면
아니, 하는 네 말에
니는 아파 니 때문에 아파

소리와 소리가 겹쳐져
숨어든 기억을 깨워내거든

네가 아무리 숨기려고 해도 괜찮다고 해도
문풍지같이 파르르 떨려오는 목소리
네 목소리에도 길게 그늘이 매달려 있어
알고 보니 모두 그늘을 주렁주렁 늘어뜨리고 있어

저녁이 한 뼘은 늘어나
잘 발효된 빵처럼 부풀어 오르고 있어

커다란 서가

하나의 경이다
신농씨가 살았다던 신농계*는
커다란 서가다
아무도 펼쳐보지 못한 책들이 꽂혀 있다
가파르게 세워져 있는 책
아! 소리라도 지르면
바닥으로 쏟아질 것만 같다
숨죽이고 소리도 죽이고
나룻배 노 젓는 소리만 물 위에 띄운다
너무 많아 셀 수 없는
수십만 권 책 사이
강물 소리가 비집고 들어와
경을 읽는다

---

* 신농씨가 살았던 계곡. 그중에서도 앵무협곡에는 양쪽으로 15km에 이르는 깎아지른 듯한 절벽이 있다. 지층의 변화로 계곡 전체가 책을 서가에 꽂아놓은 듯하다. 양자강 댐 건설로 2003년 6월 물에 잠김.

들러붙는 말

그녀가 있잖아 하면 귀가 그냥 딸려 간다 그녀는 말끝마다 있잖아 있잖아 하면서 입술을 오물거리며 또 있잖아 한다 잠시 뜸들이고 눈을 동그랗게 뜨면서 있잖아 하면 조급해진 내 귀가 더 커진다 사실 그녀의 있잖아가 별거 아닌 줄 알면서도 있잖아 하면 일방통행로로 들어가게 된다 있잖아란 말의 문 앞엔 커다란 황소가 버티고 있다 그녀는 다시 한 번 있잖아 비밀이야 하고 말의 뿔을 들이민다 도저히 돌아나갈 수 없다 있잖아가 그렇게 힘센 말인 줄, 그렇게 달짝지근하고 근질근질한 말인 줄 몰랐다 있잖아란 말은 자석처럼 귀에 착 들러붙는다

멜랑콜리 2

영원의 색 파랑
파랑이 물결치는 방

파란 샹들리에, 파란 침대, 파란 가방
너와 같이했던 파란 방의 시간들

눈꺼풀 위에서
시간을 조금씩 갉아 먹고
잠 못 들게 하는 색

빗소리가 사슬을 질질 끌며 오는 밤
소리가 먼저 귀를 적시고
적막에 부딪혀 내는 빗소리는
징징거리는 영혼 달래주고

마음 동여매고 있던 사슬
풀어주고
퍼렇게 퍼렇게

질긴 사랑도 녹슬어 가고

푸른 가방 속
푸른 캔디 하나 녹아 흐르네

파랗게 타오르는 방

너를 기억할 수 없게

제발 부탁이야
그날이 오면
나를 냉동시켜줘
영하 196도로 얼려줘
뇌도 덜어내고 갈비뼈도 뜯어내고
심장과 콩팥도 떼어낸 다음
내 몸의 기억들도 다 얼려줘
오오 나는 북극 빙하의 크레바스에 갇힌
얼음 막대기

냉동고에 잠들어 있으면
화끈 화끈 열이 날 거야
웅웅거리는 소리가 마치
지구 돌아가는 굉음 같을 거야
이백 년 후 어느 날
내 차가운 입술에
따뜻한 온기가 닿으면
살며시 눈뜰 거야 다시

맥박이 뛸 거야

이백 년 후 깨어날 때
그땐 내가 없는 나였으면 좋겠어

상상임신

털실 뭉치만 한 강아지가
집 안에 뒹구는 곰 인형을 물어다 자꾸만
제 집에다 가져다 놓는다
인형을 내놓으면 또다시
물어다 놓는다

수의사는 저 어린 것이
새끼를 가졌다고 생각한다는데
저 혼자 그리움이 깊어

그리움은 기다림과 막연한 슬픔이
서로 등 기대고 있다는 것을

강아지도 아나
까만 눈으로 연신 무얼 찾는다

상상이 그리움을 뱄나

목마여 목마여

왔나 하고 돌아보니 슬그머니 꽁무니를 빼고 가는 목마여 자꾸 미진하고 아쉽고 안쓰러운 목마여 바람이 스치기도 전에 푸석하고 푸르딩딩한 얼굴 들이미는 목마여 노란 먼지 사이로 눈에 초롱초롱한 별 매달고 웃으며 가는 목마여 네 고통은 바람도 아니고 혀끝에 매달린 말도 아니고 아무것도 아닌 목마여 떨어져 조글조글해진 깃털을 말아 쥐고 가는 목마여 못다 꾼 꿈처럼 풀꽃 입에 물고 먼 길 떠날 채비하는 목마여 아무 일도 아닌 듯 아무 일도 없었던 듯 눈도 귀도 막고 가는 목마여 감은 눈 꾹 감고 하늘 한번 쳐다보지 않고 가는 목마여 흔적도 없이 매달리지도 들러붙지도 않고 가는 목마여 간다는 말도 없이 가는 목마여

누가 내 어깨를 툭 쳤어

차를 마시고 있을 땐가
컴퓨터 앞에 앉아 있을 땐가
뭔 흰빛이 홀연히 스쳐

꿈이었나

눈을 의심했다니까
한 번 두 번
그 빛은 차츰 시간과 장소를 가리지 않고
뭐라 설명할 수 없는 순간에 또
문득 왔다 가곤 했어

작은 물방울 같고 진주 같은
그 빛,
어제 저녁에도 오고 오늘 아침에도 왔어
한 영혼이 어둠의 강을 건너가기 전
마지막 보내는 눈인사라 믿었어

꿈의 틈으로 내다본 또 다른 꿈

영혼아
삭막한 이 도시의 사막이나
어두운 뒷골목 떠돌지 말고 가던 길이나 가

그런데 영혼아 정말
갈 곳이 있기나 한 거니

비밀이길 포기하면

있잖아, 하면서 그들은 긴밀히 다가와
비밀이라며 수없이 못 박아가며
어떤 이는 가족사를
어떤 이는 연애사를 말했어요

임금님 귀는 당나귀 귀라고 소리치고 싶어도
내 입을 봉해버린 그 봉인 떼어내지 못했지요
나는 코트까지 입고 있었고 그들은
발가벗고 있었던 거였어요
말하고 나서 그들은 새털처럼 가벼워졌는지
하나 둘 날아갔어요
가서는 소식도 없어요
난 봉인된 단지 끌어안고 땅만 보고 다녔어요

비밀도 오래되니 비린내가 났어요
이 말과 저 말이 뒤죽박죽되어
백설공주와 인어공주 이야기가 뒤섞이듯
내 기억 믿을 수 없었어요

비밀보다 먼저 깨달은 것이 있었어요
사실은 내가 그들을 떠나보냈던 거에요

비밀이 비밀이길 포기하면
갓 잡은 고등어처럼 비린내가 안 나는 걸
그때는 그걸 놀랐어요

소리의 뼈

무슨 소리가 나요 무서워요 소리가 바람에 두런두런 떠밀려 다녀요 이야기 소린가 했더니 모르겠어요 텅 빈 몸이 소리로 채워지고 소리가 몸 안의 길 따라 흘러가요 들렸다 안 들렸다 구름 속을 걸어가는 것 같아요 발이 땅에 닿지 않아요 가끔 이상한 소리가 나요 온몸에 귀를 달고 있어도 들으려고 하면 안 들려요 소리를 놓아야 해요 황홀하면서도 무서워요 어떤 소리는 나를 삼켜버릴 것 같아요 소리에는 소리의 고통이 있어요 소리의 뼈가 있어요 어떤 떨림이 나를 사로잡았어요 갑자기 몹시 다급한 듯 울음소리가 점점 커지더니 울음 끝이 날카롭게 갈라졌어요 그 소리에 누군가 내 몸을 뾰족한 것으로 찌르고 지나간 듯 숨을 쉴 수가 없었어요 소리가 푸른 불꽃같은 광기를 내뿜었어요 내 손이 닿는 거리지만 감은 눈을 뜰 수가 없었어요 눈꺼풀이 파르르 떨렸어요

제4부

주머니에 남은 것

그렇게 조용한 시간은 다시 오지 않아
다 먹어치운 시간은 소화시키기에 바빠
채 소화되지 않은 것이 문제야
사실 내가 사용한 시간과 주머니에 넣어둔 시간
사이에 틈이 생겼기 때문이야
강물의 흐름, 별들의 운행, 자동차 속도계, 스마트폰
그런 것들에게 주머니에 남은 것을 다 주어버렸어

입으로는 미래를 삼켜버리고
뒤로는 과거를 내던졌어
더는 필요 없어

장미에 가시가 돋을 시간
매미가 허물 벗을 시간이면 충분해
과거도 이미 보았고 미래도 다 보았어
내 백골도 보아버렸어
너무 또렷해 무섭지도 않았어
주머니에 남은 시간은 다시 오지 않아

내 말 믿지 마라

A는 과학 전문가
B는 의학 전문가
C는 기상 전문가

내일은 비가 온다고 방사능비가 온다고
공기층에 방사능이 자욱이 떠 있는 것처럼 떠들어댄다
내일은 비 맞지 말고 야외활동도 자제하라고
과잉 당부를 잊지 않는다
그리고 인체 영향 없다고 안전하다고 염려 안 해도 된다고
방사능비를 일 년 맞아도 엑스레이 촬영 한번 한 것보다 미량이라고
빗물을 하루에 2리터씩 일 년 동안 마셔도
일 년 방사선 한도의 이십분의 일에 지나지 않는다고
누구 말을 믿어야 하는가
비는 또 내릴 것이고 바람은 불어 올 것인데
누구 말을 믿어야 하는가
왜 서민의 불안을 키우는가
조막만 하던 불안이 점점 커져 불안이 불안을 굴리고 가는

봄날

전문가 말 믿지 마라
전문가도 자기 전문을 위해 말한다는 거
지금 이 말을 하는 내 말도 믿지 마라
나는 서민이니
나는 시인이니

사람은 아파봐야

사람은 아파봐야 남 사정 안다는데
그렇다고 한번 아파보라고 할 수도 없는 일
아파야만 들어갈 수 있는 문이 있다는데
그곳에 가려면 열쇠가 있어야 해
스스로 문 열고 들어갈 수 없어

난 그곳에 초대받았지
열쇠 받아 들고 들어섰어
참 이상한 곳이야
사람들 가슴에 거울 하나씩 달려 있었어
그 거울로 자기를 보는 거야

아파야 보이는 거울이 있지
아파야만 들어갈 수 있는 문이 있지
병(病)이라는 문 열고 들어가면
안 보이던 것 보이기도 해
문 열고 들어가면 아늑하고 깊어
안 보이던 것 잘 보이지

문 앞에서

삶은
문과 문 사이에서
이루어진다는 걸 몰랐다
문이 없었다면
나는 오지도 않았을 거다
여기 오기 위해 몇 개의 문을 지나왔는지
무심코 지나온 것이 문인지도 모르면서
그냥 지나가면 되는 줄 알았다

어떤 문 앞에서
아무리 소리치고 두드리고
삼백예순날 기다려도 문은 열리지 않아
나만이 들어갈 수 있다는데
아직 때가 아니라는데
지금은 길 수 없다는데
저 문이 없었다면
나는 갈 생각도 않았을 거다

슬픈 기도

하늘에 떠가는 구름아
개미야 방울꽃아 고목 같은 은행나무야
햇살이 보랏빛 등꽃에 내려쬐는데
교회 첨탑 위에서 까마귀는 깍깍거리는데
시계는 큰 바늘 작은 바늘 겹쳐져 있는데
생각지도 않은 순간에 희망이라도 된다는 듯
흰 구름은 가만히 떠 있는데

반짝이는 햇살에 들떠서
오래된 기억이 고물고물 기어 나오고
어떤 기억은 이내 식어버리고
너를 잊은 건 아닌데
더 먼 곳에서 온 이별이
최후의 그림자를 늘어뜨리며
광장에서 노래하고 있었어

나는 미래의 시간이 영원하다고 했고
너는 그럼 기적을 일으켜보라 했지

빛의 반란으로
세상이 무르익어 서로가 서로를 헐뜯고
슬픔은 몹시 슬퍼서 오그라들고
그늘진 두 눈에 고통을 매달고 있었어

이 세상은 지나가는 다리였어

막막한 사막을 건너가는 발이었어

어느 날 나는

변기에 앉을 때마다 나는
이 생각 떨쳐버릴 수 없어

변기 위에 변기
변기 밑에 변기
나는 아랫집 여자의 머리에 오줌을 누고
윗집 남자는 내 머리에 똥을 싸고 있는 거지

갓 태어난 아기는 배내똥 누고
마지막 세상 떠나가는 길에 한 무더기 싸고

하루를 변기에서 시작해
변기에서 하루를 마무리하고

바닥에 누워 등줄기 아프게 생각하네

"오늘 뭐했지……"

항해

집에 돌아와 아무 말 없이
옷 입은 채로 그냥 누웠다
불 끄고 머리까지 이불 푹 뒤집어쓰고

다 큰 아이가 둘이지만
아직도 철없기는 애들보나 어리다
어둠 속에 죽은 듯 웅크리고
밤새 검은 물이 출렁거리는 바다를
끝없이 표류했다

육지에 닿은 듯
아침이 그렇게 반가울 수 없었다

사막일기

1.
바람이 부는 대로 모래가 흐른다

저건 모래 둔덕이 아니라
머리카락이고
젖가슴이고
여인의 둔부다

바람은 끝없이 불어
쇄쇄 소리만 귀를 열어놓고
바람은 밤새도록 지치지도 않고
여인의 옷깃을 연신 잡아당기다가
새벽이슬에 젖어 떨고 있다

2.
기묘한 일이다
해를 가리는 이 짐승의 정체가 무엇인가
숨을 쉴 수가 없다

뿌연 모래투성이 속에서
온몸에 달라붙어 떨어지지 않는다
진지한 얼굴도 보여주지 않고
절망의 빛도 내비치지 않고
모든 것이 흐릿하다
여기선 희망도 길을 잃어
걸으면 바삭바삭 소리를 낸다

그래도 꽃은 핀다

밥經

엄마 하면
밥하던 생각밖에 안 난다
그 흔한 바깥 음식에 눈길 안 주고
빨래하다 김치 담그다
부뚜막에 쪼그리고 앉아 남몰래 울다
밥하던 엄마

밥이 보약이라며
사람은 밥심으로 산다고
밥 한 톨이라도 버리면 죄라며
날마다 밥을 숭배하며
밥만 하던 엄마

평생 한 밥 쌓아놓으면 산 하나가 될 텐데
갈 때는 밥 한 술 못 뜨고 가셨다
병실에서도
아버지 밥걱정만 하던 엄마

>

이건 밥에 대한 외경이다
순전한 순교다

검은 방

찻잔에 반 남은 인생이 식어 가는데
달려온 시간들이 바스락거리는데
밤마다 기억의 언저리에서
누가 손짓해 불러
꿈을 가로질러
강을 건넜다

마을에도 흑암이 빼곡히 들어차
모든 것이 가라앉아 있는 사이
강에서 어둠을 건져 올려
주머니 그득 주워 담아
방에 풀어놓았다
농담이 드러났다

어둠의 얇은 막을 통해
보이지 않는 것을 보고
들리지 않는 것을 듣고
어둠의 냄새를 맡았다

비를 타고 어둠이 꼬물 꼬물거렸다

어둠은 나를 다른 세계로 인도했다
날카롭고 뾰족하게 날 세우던 것들도
검은색의 넓은 품에 자신을 맡겨버렸다
어둠 속에서 점점 차오르는 것이
먹빛같이 깊은 관악기 소리를 냈다
부드러운 선율에 몸이 가볍게 떠올랐다

달의 뒷모습

집에 돌아온 날 밤
어둔 방으로 달빛이 따라 들어와
내 옆에 누웠다
달빛 속에서 나무들이 춤추고
땅이 일어나 걸어 다녔다

보이지 않는 손이
줄장미의 줄기를 구부리는 것을
장미꽃이 공중에 매달려 있는 것을
붉은 점으로 허공에 떠 있는 것을
점점 가까이 다가오고 있는 것을
오래전부터 내 옆에서 나를 엿보더니
바로 발밑에 가만 웅크리고 있다

잡으려고 손 내밀자
장미꽃이 사라졌다
후다닥 도망가는 달의 뒷모습
눈을 떠도 장미꽃 향기가 났다

왜 그 말 안 했어

내 손에만 들어오면
꽃들은 가시로 변해
꽃들은 비명을 지르지도 못하고
온통 가시로 뒤덮여져

그 가시가 내 손을 찌르면 웃음이 나
쿡쿡 자꾸 헛웃음이 나

지난밤은 가시 끝에 붉은 이슬이 맺혔어

그걸 찾다

바하리아 사막
거기는 하늘과 땅이 맞닿아
하늘이 커다란 휘장을 둘러놓은 것 같고
하늘이 둥근 뚜껑을 덮어놓은 것 같다

해 뜰 때와 해 질 때
하늘과 땅의 이음새가 더 선명하다

간절히 찾던 것을
아주 멀리 와서야 알았다
어디서나 내가 있는 자리가
우주의 중심인 것을

눈에 보이는 것만 보느라
그 너머
보이지 않는 것을 볼 줄 몰랐다
돌멩이 하나, 풀 한 포기
모래알갱이 하나도

놓인 그 자리가 바로 중심인 것을

그걸 찾아 한평생 헤맸다

먼 길 떠나는 소리

1

냉장고에서 강물 소리 난다
싱크대 배수관에서 화장실 변기에서
내 뱃속에서도 강물 소리 난다
맑은 물소리가 집 안을 휘돌아 흐른다
무엇인가 흐르는 소리
소리를 타고 자꾸만 흘러가는 꿈을 꾼다
변기 속으로 물길 따라 강물이 밀려오고 밀려가고
흐르는 소리에는
비애가 꿈틀거린다

2

내내 쉬다가 생각난 듯
바람 소리에 비는 눈뜨는지
새벽에 후드득
빗소리는 귓속으로 들어와 뿌리내리고
발을 쭉 뻗는다
뿌리내린 자리마다

바닥 깊은 웅덩이를 만들고
홈통으로 미끄러지며 흐느적거리며
자꾸만 떠내려가는 소리
먼 길 떠나는 소리

사랑

세면대 밑이 젖어 있었다
언제부터 그랬는지 모르겠다

밸브는 옥죄었을 거고, 안간힘 쓰고
삐져나오려는 수압을 감당하지 못해
밸브는 그만 자신을 놓아버렸다

똑똑 한 방울씩 떨어지며
흘러가는 것이 본성이라고
물은 꼬리에 꼬리를 달고
바닥에 물길을 내고 있다

해설

밤하늘에서 길어 올린 말들

김영임(문학평론가)

밤하늘은 오랜 세월 예술의 뮤즈였다. 세상의 모든 것을 숨길 듯한 암흑, 그리고 암흑과 한 몸이 된 채 그 안에 박혀 있는 수많은 별들과 달. 그것들이 소재가 된 작품들은 셀 수 없을 정도다. 술을 사랑한 당나라의 시인 이백(李白)의 곁에는 항상 달이 함께였으며, 빈센트 반 고흐(Vincent van Gogh)의 그림에서도 밤하늘, 별들, 그리고 달빛이 등장했다. 그중에서도 지구에서 가장 가까운 천체인 달은 밤하늘을 품은 우주와 인간 사이에서 수많은 이야기와 이미지로 나타났다. 달은 인간을 무기력하게 만드는 어둠 속에서 우리를 구원하는 빛이기도 하고 때로는 그 어둠의 등장에 필연적으로 동반되는 부정적 신호이기도 했다. 달은 인간들에게 때로는 낭만적으로 때로는 외경(畏敬)의 대상으로 존재했다.

과학은 달과 인간의 관계를 변화시키게 된다. 달이 지구의 거울이라고 믿었던 중세의 유럽인들은 달의 어두운 자국들과 신비한 윤곽들을 지구의 산이나 바다의 반영(reflection)이라고 여겼다. 갈릴레오(Galileo Galilei)의 망원경이 달의 진짜 얼굴을 비추게 되면서 유럽인들의 이런 믿음은 깨져버린다. 20세기에 들어와서 달은 인간의 발자국을 새로운 흔적 중의 하나로 표면에 새기게 되면서 우리가 볼 수 없었던 나머지 한쪽 얼굴마저 인간에게 내어놓게 된다. 과학 안에서 달은 샅샅이 탐구되며 해석된다.

캐나다 출신의 유명한 연극연출가 로베르 르빠주(Robert Le page)는 『달의 저편(the Far Side of the Moon)』이라는 자신의 작품을 소개하면서 비록 달이 신비함의 상당 부분을 잃고 우리의 관심사에서 멀어진 것은 사실이지만, 그것이 가졌던 시적(poetic) 영감은 아직 유효하다고 말했다. 그는 우주의 운석 파편들과 충돌하면서 상처투성이가 된 '달의 저편'이 TV 화면에 등장할 때, 아름다웠다고 생각해 왔던 유년 시절 안에 숨겨져 있던 어둠 속의 상처가 의식 속에 떠오르는 경험을 하게 된다. 태양의 빛과 함께였다고 믿었던 어린 시절은 실제로 푸른 회색의 달빛 음영과 함께한 시간이 더 많았던 것이다. 그는 『달의 저편』이라는 걸출한 연극 안에서 달 탐사라는 과학으로 촉발된 유년의 기억, 가족 간의 사랑 그리고 인간의 고독이라는 철학적 질문들을 담아냈다. 르빠주는 오히려 과학과 만난 달이 보여준 우주 공간 안에서 태아의 유영까지 이어지는 자신의 노스탤지어를 찾아간다. 달은 과거의 예술 안에서와는 조금 다른 모습이지만 여전히 시적 힘(poetic force)을 발휘하고 있는 모양이다.

박지영 시인의 이번 시집, 『사적인 너무나 사적인 순간들』 안에서도 달과 밤하늘의 어둠이 삶과 죽음을 잇는 통로로 이어져 있다. 그 어둠 안에서 시인은 자신의 시적 언어를 통해 밤하늘의 말들을 전달하고 있다. 400년 전 갈릴레오가 망원경을 통해 하늘을 관찰하면서 『시데레우스 눈치우스(Sidereus nuncius): 별의 전령』에 별의 말들을 담은 것처럼.

시데레우스 눈치우스

이번 시집에서 '달'은 반복적으로 등장한다. 시인은 '달'이라는 시어를 전통적 서정시에서처럼 시적 화자의 그리움을 투영하거나 자연과의 동일성을 이루는 소재 중 하나로 선택해서 쓰지 않는다. 이 시집 안에서 '달'은 '밤' 안으로 시적 화자를 이동시키는 "벌레구멍(wormhole)"과도 같다. 시공의 서로 다른 영역을 연결시켜주는 우주의 통로, 벌레구멍 말이다.

고독한 달
오직 달만이 진실인 것처럼
검은 심장이
밤의 근원이라도 되는 듯
깊은 구멍 속으로 침식해 들어간 달

우리는 구겨진 달을 타고 밤 속으로 들어갔어

밤의 환상은 순수해
아니 환상이 더 리얼해
너는 어느 하늘 어느 쪽을 바라보니

시커먼 불안이 달을 집어삼키고
숲은 살아나서
밤에 꼼지락거리며 움직이는 뿌리들
부풀어 오르거나 더 깊은 곳으로 발 뻗으며 길을 찾고

영원으로 가는 시간과
멸망에 이르는 시간이 공존하지만
모든 것은 지나가
후 불면 가벼운 깃털처럼 날아가

그러나 아침에서 저녁으로 가는 것과
저녁에서 아침으로 가는 것은 달라

긴 밤을 통과하면 구원에 이르는 길이 보인다는데
구원의 시간이 얼마 안 남았다는데
왜 이 여행은 점점 길어지지

끝이 어디지
구겨진 달은 언제 펴지지

—「종이가 된 달」 선문

시적 화자(들)은 "구겨진 달을 타고 밤 속으로 들어"간다. 이 시에서 '달'은 대지에 발을 붙이고 선 인간의 시선 끝에 머물러 있는 정적인 이미지가 아니다. 달은 스스로 "깊은 구멍 속으로 침식해 들어"간다. 또한 적극적으로 화자를 유인하여 "밤의 근원이라도 되는 듯"한 "깊은 구멍 속으로" "우리"와 함께 침식해 들어간다. 달을 타고 들어간 밤 속에는 "안 보이던 것이 보이고 영원으로 가는 시간과/멸망에 이르는 시간이 공존"하고 있다. 이 시공 안에서 "모든 것은 지나가"고 현실에서 가졌던 무게를 놓고 "후 불면 가벼운 깃털"처럼 날 수 있다. 그래서 이 "긴 밤을 통과하면 구원에 이르는 길이 보인다는데" "이 여행은 점점 길어지"고 끝이 날 줄 모른다.

"멸망에 이르는 시간"은 아마도 인간의 필멸의 순간을 의미할 것이다. 상대적으로 "영원으로 가는 시간"은 그 죽음 이후의 재탄생 또는 부활의 시간을 상상하게 한다. 모순되게 들리는 그 두 시간이 공존하는 공간은 삶과 죽음의 구분을 무화시킨다. 이렇게 '달'은 자신의 아래에 펼쳐진 유한성의 세계에 구멍을 내어 혼돈 안에 유한과 무한의 경계를 지워버린 '밤'을 펼쳐내 보인다.

'밤'은 헤겔의 부정성 개념 안에서 '심연(Abgrund)'과 함께 사용되는 단어다. 밤은 존재를 삼키고 무화시킴과 동시에 존재자를 산출하기도 하는 심연이다. 어둠과 밤은 '나'를 탄생시킨 자궁이기도 하며 동시에 '나'의 무덤이기도 하다. "나는 밤에 태어나 밤의 지배를 받으면서 자랐"(「토마토가 익을 동안」)지만, 동시에 '나'는 '어둠'이 두렵다. "어둠이 어둠 위에서 실눈을 뜨고/검은 아마포를 펼쳐 들고 오는데/저 불안, 불안/두려움을 이해하면 두려움이 사라질까/걱정을 이해하면 걱정이 사라질까//올까/정말 올까/왈칵 왈칵 겁이 났"(「달의 혼인」)다. "나를 먹이고 키운 밤"이지만 밤은 또 "그렇게 나를 어둠에 심어놓은"(「토마토가 익을 동안」) 대상이기도 하다. '나'는 "어둠에도 그늘이 있어/그 깊은 심연에 발이 빠져"(「달의 혼인」) 헤어 나오지 못한다.

이처럼 어둠 속에서 태어난 "나는 별의 말을 번역하는 자/밤의 말을 전하는 자"(「토마토가 익을 동안」)라는 운명을 거스를 수 없다. 그래서 시인의 언어는 한낮의 언어가 아닌, "검은 말들"일 수밖에 없다.

밤은 미루나무 가지에 끝에 걸려
물속으로 미끄러져 들어가고
환상으로 가득 찬 여린 새순들은
세찬 바람에 뚝뚝 고개 떨구었다

웅성거리던 미루나무 영혼에서
비릿한 밤의 냄새가 났다
밤이 검게 물들어
밤의 얼굴을 손으로 쓸어 보았다

검은색이 손에 묻어났다

안 보려 해도 까맣게 똬리 틀고 있는
깊은 수렁 보고 말았다
밑바닥에서 허우적거리다
겨우 어둠을 헤집어 들아 니왔다

검은 피로 얼룩진 날들이 지나가고
향기도 없고 생기도 없는 말들이 부끄러워

나는 말들을 하나하나 지워버렸다
타오르지 못한 검은 말들이 연기를 내뿜었다

달빛 머금은 말에서 향기가 났다

—「검은 말들」 전문

우연한 밤, 시적 화자는 숲을 지나다 나무 끝에 걸려 물속으로 미끄러져 들어간 밤을 목격한다. 가지 끝에 걸려 바닥에 깊은 수렁을 이룬 밤은 "까맣게 똬리 틀고 있"으면서 시적 화자의 시선을 사로잡고 그(녀)를 "밑바닥에서 허우적거리"게 만든다. 어둠 속에서 눅진하게 검은색으로 덩어리진 말들을 알아버린 '나'는 "향기도 없고 생기도 없는 말들이 부끄러워" "말들을 하나하나 지워버렸다". 이제 '나'의 말들은 어둠 안에서 빛나는 "달빛 머금은 말"이며 그저 "혀끝에서 맴도는 말"이다. "나무가 새의 발끝에서 전해들은 말/바람이 나뭇가지를 흔들며 하는 말"이며 '나'는 "혀끝에서 맴도는 말에서 달아날 수가 없"다. 달을 타고 들어간 어둠 안에서 "영원"과 "멸망"을 동시에 목격한 '나'는 고백한다. "저는 모든 걸 보았어요/어둠도 보았고/꺼지지 않는 불빛도 보았어요"라고. "저는 할 말이 너무 많은데/아무도 제 말에 귀 기울이지 않"(「혀끝에서 맴도는 말—카산드라」)는다. 어둠 안에서 알게 된 별의 언어들을 전달하지만, '나'는 '카산드라'. 아무도 나의 언어를 알아들을 수 없다.

장미, 달빛, 슬그머니 그리고 시

'카산드라'. 아무도 알아들을 수 없는 예언을 일삼는 자. 세상 사람들이 그녀의 예언이 담고 있는 의미를 이해할 수 없다고 해서 그녀의 발화가 무의미하다고는 할 수 없다. 언어가 진리라는 지위를 부여받기 위해 세상의 다수가 이해할 수 있는 보편성을 반드시 획득해야 한다고 전제한다면, 시인의 개별적 발화들도 '규모의 보편성'이라는 폭력적인 형상의 '체'로 걸러져 다 버려지고 흩어질 운명에 처할 것이다. 신의 사랑을 거절하고 저주받은 예언자로 인간세계에 남은 카산드라는 보편적 언어를 거부하고 시적 언어 안에서 '심연'으로 이르는 길을 찾는 시인들의 또 다른 형상이다. 박지영 시인의 '시적 예언'은 몇 가지 이름을 지니고 있는 것 같다.

"그것은 눈에 띄지 않아. 어디에 사용할 수 있는 게 아니야/어떤 일도 하지 않아/있는 듯 없는 듯/가끔 생각난 듯/어느 구석에서 나왔다 종적을 감춰". 이 정체를 알 수 없는 '그것'은 "다시는 오지 말라고 현관문을 닫아도/긴 꼬리가 문틈에 끼어 비명을 지르고//떨어져 나간 것은 밤거리를 헤매다/쓰레기통 옆에 웅크리고 있어 다시 데려"오게 된다. "그게 싫다고 내다 버릴 수도 없"다. 그것은 "추억을 먹고/한겨울에도 장미를 피워내니까(「장미라는 추억」)". 그래서 시인은 '그것'을 '장미'라고 부른다.

'장미'는 달과 함께 찾아오기도 한다. "집에 돌아온 날 밤/어둔 방으로 달빛이 따라 들어와/내 옆에 누웠"고, 그리고 "장미꽃이 공중에 매달려 있는 것을/(……)오래전부터 내 옆에서 나를 엿보더니(……)//잡으려고 손 내밀자/장미꽃이 사라졌다/후다닥 도망가는 달의 뒷모습/눈을 떠도 장미꽃 향기가 났다"(「달의 뒷모습」). 이렇게 향기만 남기고 사라지는 장미꽃과 달은 어느 날 문득 시인에게 찾아오는 시들이 아닐까.

시인은 이런 아리송한 순간순간들에게 "슬그머니"라는 이름도 붙여주었다. "봄날 오후를 기웃거리는 저것 멀어졌다 싶으면 다시 다가와 거부할 수 없는 저것 영혼이 사라진 자리에 둥지를 틀고 커다란 아가리를 벌리고 빈틈을 호시탐탐 노리고 부리부리한 눈을 굴리며 딱딱한 등을 들이밀며 관심을 끌기 위해 거짓으로 흐느끼는 저것"이 시인은 "너무 귀찮아 사라지기를 바랐"다. 하지만 정작 "슬그머니 가버리니 이상해 가슴이 답답해 어디로 갔지 어디 있지" 하며 "개잎갈나무에게 묻고 바람에게도 물"(「슬그머니」)어보는 저것. 박지영 시인은 시를 위해 '슬그머니'를 '장미꽃'과 '달빛'에 이은 또 하나의 별칭으로 삼은 것이 아닐까.

시간 여행자의 예언

앞에서 언급했던 로베르 르빠주의 『달의 저편』에서 주인공은 드럼세탁기의 문을 통해 우주로의 유영을 떠난다. 박지영 시인의 달로의 여행은 시적 화자의 발끝에서 시작된다. "막막하고 환한 밤/사막여우가 왔다 갔다/발자국이 또렷했다//우묵하게 젖은 오줌 자국이 길을 내며/달의 흡입구 속으로 빨려들어 갔다". 그리고는 "비밀스럽게 하나가 되었다(「중심은 여기 있다」)". 시인은 "어디서나 내가 있는 자리가 우주의 중심인 것을" "아주 멀리 와서야 알았"으며 "그걸 찾아 한평생 헤맸다"(「그걸 찾다」)고 고백한다. 그렇다면 시인은 "달의 흡입구 속으로 빨려들어" 가서 어떤 신탁을 받아온 것인가.

> 저기에 대해서만은 제대로 말할 수 없어 아무도 가본 적이 없으니 영혼을 잡아끄는 음부 아골 골짜기 블랙홀 스스로 빛나는 곳 이러저러한 말 다 허공에 뜬 말 같아 저기가 있는지 없는지 아무도 몰라 공포와 불안을 부르는 저기는 아직 살아보지 못한 미래의 시간 세상처럼 돋아나는 환상이 만들어낸 저기 시간의 껍데기에서 돋아나는 여기와 저기 보이지 않는 끈으로 잇고 있어

단세포 동물도 때가 되면 제 몸이 둘로 나눠져 살아있는 것들은 종족보존을 위해 몸 바치지 그게 다 죽음을 위해 봉사하는 거래 아등바등 몸부림치는 삶에는 죽음의 맛이 붙어 있다나 가만있어도 우리를 저기로 데려다줄 거야

문득 올려다본 구름이 구름사원을 짓고 있네
저 너머에 무엇이 있을까

아, 언젠가 가야 할 저기

—「언젠가 가야 할 저기」 전문

시인은 달을 타고 들어간 밤 속에서 "영원으로 가는 시간과 멸망에 이르는 시간이 공존"하고 있음을 이미 말한 바 있다. '공존'이라는 위로에도 불구하고 "멸망에 이르는 시간" 앞에서 인간은 한없이 불안하며 무기력해질 수밖에 없다. 사실 그 '멸망'의 실체도 상상하기 힘든 것이 인간이다. "아직 살아보지 못한 미래의 시간"인 "저기"에 대해 대체 무슨 말을 할 수 있겠는가. '저기'에 대한 "이러저러한 말"은 "다 허공에 뜬 말"이 된다. 그래도 분명한 것은 "시간의 껍데기에서 돋아나는 여기와 저기"가 "보이지 않는 끈으로 잇"고 있다는 사실이다. 그래서 보이지는 않지만 우리의 시간을 유한하게 끝내버

릴 "블랙홀"의 존재는 인간의 절망을 더 깊게 만든다. "언젠가 가야 할 저기" 앞에서 예외적 존재는 있을 수 없기 때문이다. "삶에는 죽음의 맛이 붙어" 있어 우리에게 이 불변의 진리를 끊임없이 상기시킨다. 하지만 시인의 예언 안에는 "영원으로 가는 시간"도 들어 있다.

이 별에 올 줄 몰랐지
엄마 뱃속에서 이별하고 나와
수많은 이별을 보고 들어
수두룩하게 이별 연습을 한 줄 알았어

이 별에서 이별은 늘 두렵고 서툴러
몇백 광년 떨어져 아득히 먼 줄 알았지

그런데 이미 우리는 사다리를 걸쳐놓고
한 계단 한 계단 걸어서 저 별로
별을 세며 가는 중이야
저 별에서는 다들 한식구가 되지

오라 부르지 않아도
우리는 혼자서
타박타박 저 별에 가야 해

이 별은 그렇게 지나가는 거야

—「반 고흐에게」 전문

"엄마의 뱃속"에 잉태된 것은 어쩌면 우연일 수 있다. 하지만 그 우연의 뒤에서는 "저 별"과의 이별이 숨어 있다. 알 수 없는 우연의 힘에 끌려 '저 별'에서 '이 별'로 온 시적 화자는 "이 별"에 와서도 수많은 이별을 경험한다. 이별로 인해 화자에게는 잃어버린 존재가 되어버린 그들은 분명 "멸망에 이르는 시간"을 맞이하고 "저 별"로 이동했을 것이다. 처음에는 그 이별들이 "두렵고 서툴"렀다. 이별한 그들과 '우리' 사이에 "몇 백 광년 떨어져 아득히 먼" 거리가 있을 줄 알았다. 다행인 것은 달이 데려다줄 저 너머의 어둠 안에서는 영원으로 가는 시간도 존재한다. 우리는 벌써 "사다리를 걸쳐놓고" "별을 세며 가는 중"이다. 그들에게 다시 도달하기 위해 "한 계단 한 계단 걸어서" 가고 있는 우리는 "저 별에서 다들 한식구"가 될 수 있다. 하지만 영원으로 가는 시간에 이르기 위해서는 반드시 멸망에 이르는 시간을 거쳐야만 한다. 사막에 머물다 간 어린 왕자가 뱀의 도움으로 자신의 별로 돌아가듯, 다른 별로의 여행 또는 영원으로 가는 길은 반드시 '죽음' 또는 '멸망으로 가는 길'을 거쳐야 한다. 그래서 "오라 부르지 않아도/우리는 혼자서/타박타박 저 별에 가야" 한다. 이 별에서 이별한 '우리'와 '우리'가 '한식구'로 다시 만나기 위해 '멸망에 이르는 시간' 앞에서 슬픔과 불안을 이겨내고 "이 별은 그렇게 지나가는" 곳이다. 박지영의 달, 별, 밤하늘은 그립지도 밝지도 아름답지도 않지만, 사막의 뱀처럼 다가와 우리를 검고 무거운 블랙홀 안으로 침식시켜 별의 이야기를 전달한다.

이 도서의 국립중앙도서관 출판시도서목록(CIP)은 서지정보유통지원시스템 홈페이지(http://seoji.nl.go.kr)와 국가자료공동목록시스템(http://www.nl.go.kr/kolisnet)에서 이용하실 수 있습니다.(CIP제어번호: CIP2018040025)

시인동네 시인선 102
사적인 너무나 사적인 순간들
ⓒ박지영

초판 1쇄 인쇄 2019년 1월 3일
초판 1쇄 발행 2019년 1월 10일
지은이 박지영
펴낸이 고영
책임편집 서윤후
디자인 헤이존
펴낸곳 문학의전당
출판등록 제2017-000002호
주소 서울시 마포구 마포대로 11길 91, 3층
전화 02-852-1977 팩스 02-852-1978
전자우편 sbpoem@naver.com

ISBN 979-11-5896-405-4 03810

* 이 시집은 2018 대구문화재단 개인예술가창작지원으로 출간되었습니다.

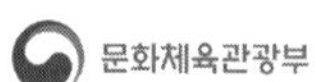

시인동네 시인선 102

박지영 시집

사적인 너무나 사적인 순간들

시인동네

사적인 너무나 사적인 순간들

박지영 시집